Ángel García Martínez

APULEYO EDICIONES   FOMENTO DE VALORES   CUENTOS ILUSTRADOS

Como Tranformar Nuestros Miedos en SONRISAS (Vol. 1)

APULEYO EDICIONES   FOMENTO DE VALORES   CUENTOS ILUSTRADOS

Encuentra en esta sopa de letras el nombre de estas terroríficas criaturas **METEMIEDOS** que vagan por tumbas y sarcófagos reales y que pueden despertar en cualquier momento para ir a por ti y llevarte con ellas.

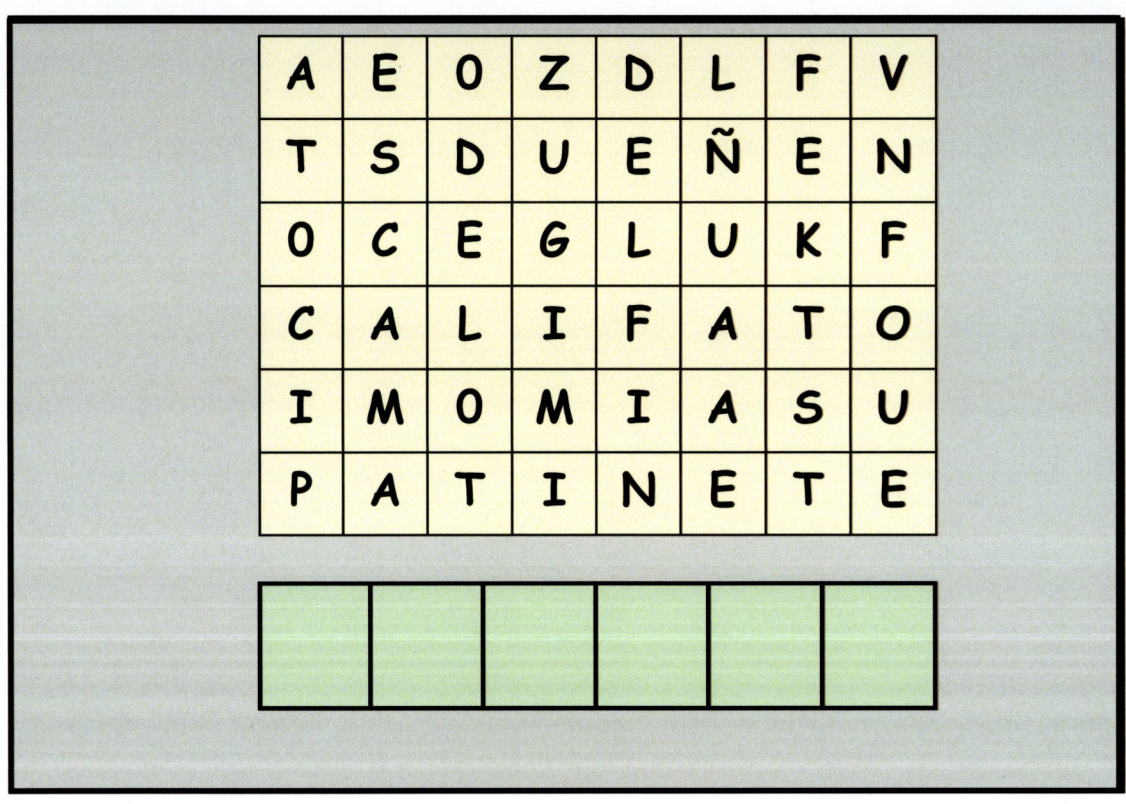

A	E	O	Z	D	L	F	V
T	S	D	U	E	Ñ	E	N
O	C	E	G	L	U	K	F
C	A	L	I	F	A	T	O
I	M	O	M	I	A	S	U
P	A	T	I	N	E	T	E

Todos los exploradores del mundo
a este país quieren viajar
y, entre sus monumentos, tesoros encontrar
que les hagan de felicidad llorar.
Si tú eres una de esas aventureras...
¡cuidado!, no encuentres unos seres
que saliendo de sus sarcófagos,
te merendarán como si fueras un croissant.
Para que esto no te pueda pasar,
ponte en contacto con Nara sin tardar,
ella buenos consejos te va a dar
para que tu emocionante exploración
a buen puerto pueda llegar.

Nara y Lope fueron a visitar un museo y cuando estaban en la sala dedicada al antiguo Egipto, creyeron ver detrás de la tapa de un sarcófago los dedos de una mano y un pie que parecían moverse.

—Algún **METEMIEDOS** hay ahí dentro que nos quiere asustar o hacernos algo peor. Pero se va a llevar un buen chasco porque yo siempre voy bien preparada.

Nara sacó de su mochila una tijera de podar que sabía manejar a las mil maravillas. Abrió la tapa del sarcófago y... (*pasa a la hoja siguiente si quieres saber a qué* **METEMIEDOS** *pertenecían las manos y los pies que se movían y lo que le pasó a Nara*).

Traslada abajo lo que te ha salido al restar y tendrás el nombre del **METE-MIEDOS**.

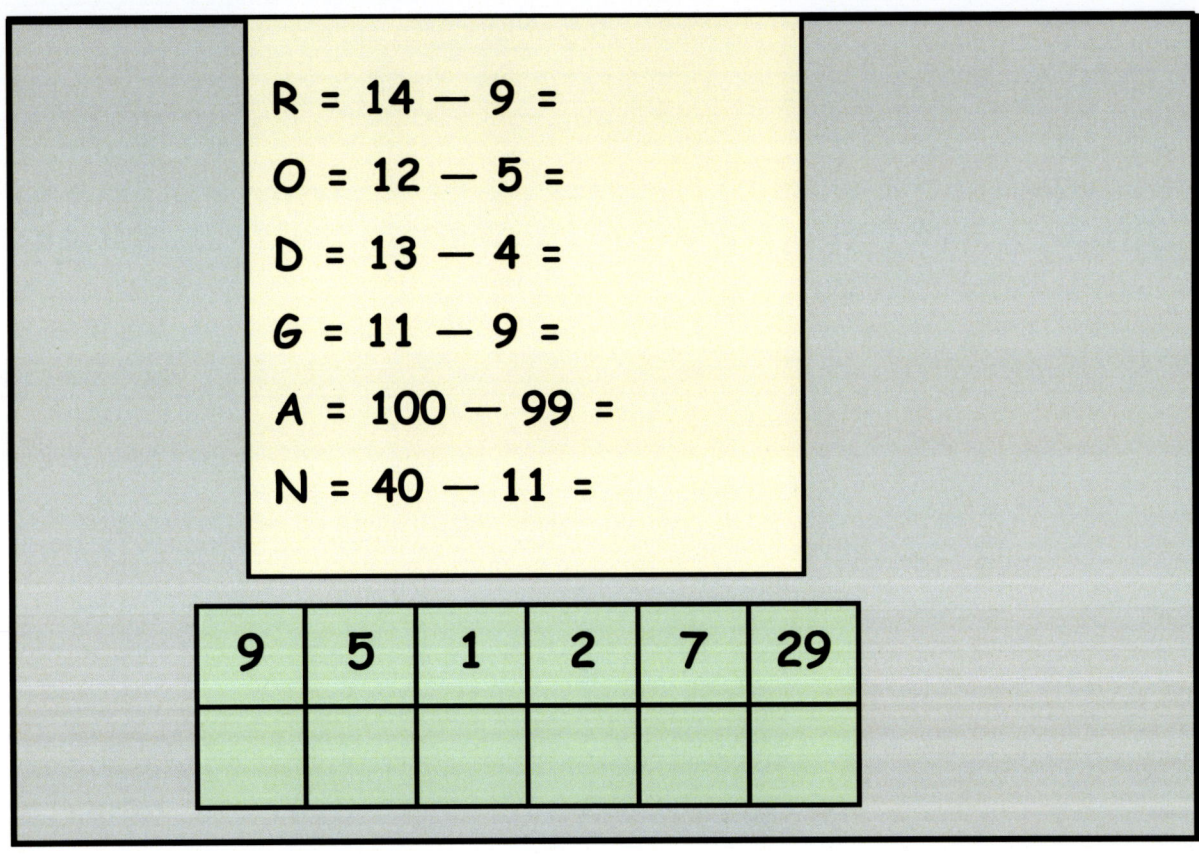

R = 14 − 9 =

O = 12 − 5 =

D = 13 − 4 =

G = 11 − 9 =

A = 100 − 99 =

N = 40 − 11 =

9	5	1	2	7	29

Imagina que en una cueva has entrado
y empiezas a oler a quemado.
De pronto ves una llamarada andar
que se dirige hacia ti y te va a chamuscar.
"¡No! —piensas—, ¡no puede ser!
El fuego viene hacia mí a todo correr
y en poco tiempo a quemarme empezaré
y en una antorcha viviente me convertiré".
Si supieras quién se acerca corriendo
y por la boca fuego escupiendo
pedirías auxilio a San Jorge.
Pero mejor llama con el móvil a Lope
y él, disfrazado de bombero,
con su manguera, agua va a rociar
y de la chamusquina te va a salvar.

A Lope le gusta la espeleología y explorar cuevas que tengan estalactitas y estalagmitas.

En cierta ocasión recibió una llamada en su móvil de una niña que se había escondido detrás de una roca, pidiéndole auxilio porque estaba en una cueva y no podía salir de ella, pues había visto una cabeza y, como estaba oscuro, no sabía qué podía ser; solo sabía que echaba fuego por la boca y que como la descubriera la iba a achicharrar.

Rápidamente, Lope se puso su traje de bombero y en un abrir y cerrar de ojos se plantó en la cueva, cargó su manguera de agua y... (*pasa a la hoja siguiente si quieres saber cuál* **METEMIEDOS** *era el que echaba fuego por la boca y cómo le hizo huir Lope*).

Ordena estas letras en los recuadros de al lado y te saldrá el nombre del **METEMIEDOS** terrorífico que buscamos. También puedes averiguarlo con las pistas que se encuentran en la Poesía.

Al volver de la guerra de Troya,
Ulises comienza su Odisea camino de Ítaca.
Al pasar por Sicilia, un terrorífico gigante,
en el fondo de su cueva lo encierra para,
al día siguiente por la mañana,
asarlo en una hoguera y darse un festín.
Nara, disfrazada de diosa de la sabiduría,
a la cueva se encamina sin tardanza
y cuando el feroz gigante duerme,
por una grieta que hay en la roca,
le aconseja lo que debe tramar
para del gigante poder escapar.

Cierto día que Nara navegaba con su barquito por el mar Mediterráneo, fondeó en una isla muy bonita para hacer una ruta por ella.

Cuando se encontraba cerca de unas rocas, oyó unos extraños ruidos y por un pequeño agujero que había entre dos rocas se metió.

En cuanto sus ojos se acostumbraron a la oscuridad, vio a un horrendo gigante con un solo ojo, un rebaño de ovejas y varios hombres con cara de susto. Ella misma se puso a temblar de miedo, sobre todo, cuando oyó al gigante decir:

—¡¡Jo, jo!! Me voy a echar a dormir un rato y en cuanto me despierte, os voy a devorar.

Viendo el peligro que corrían todos, Nara, al que parecía el jefe de los hombres, le sopló al oído en voz baja la siguiente idea... (*pasa a la página siguiente si quieres saber qué idea dijo Nara al jefe para que todos pudieran salvarse de este* **METEMIEDOS**).

—Ulises, échale a POLIFEMO el bote entero de gotas para dilatar la pupila en su único ojo y ya verás como, durante dos o tres horas, no puede ver nada y aprovecháis para escapar
—¡Atenea, ya sé que eres la diosa de la sabiduría, pero... ¿no hubiera sido mejor clavarle a POLIFEMO una estaca en el ojo y dejarlo ciego para siempre?!
—¡¡¡Pero no seas bruto, Ulises, largaos ya en vuestro barco y dejad en paz a Polifemo con sus ovejitas!!! ¡¡¡No hay que hacer daño a nadie nunca!!!
—¡¡¡Beee!!! ¡¡¡Beee!!! ¡¡¡Estamos aquí!!! ¡¡¡Quita la roca de la entrada para que podamos salir a pastar!!!
—¡¡¡Y también para que pueda salir Ulises!!!
—¡Por mi padre Poseidón, ¿qué me habrá echado este enano de Ulises en mi ojo que no veo a mis borreguitas?!

Traslada los números que te han salido al sumar y tendrás el nombre, en este caso, de una **METEMIEDOS**.

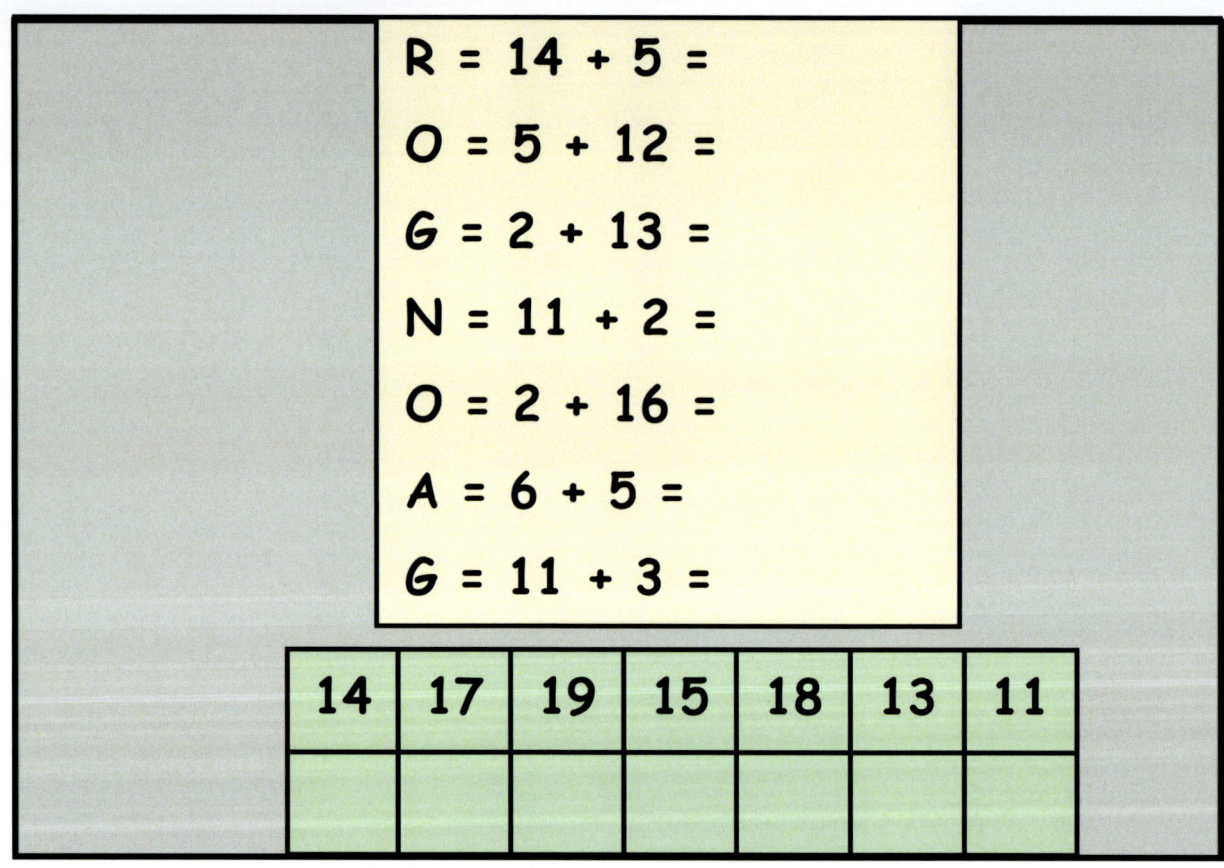

R = 14 + 5 =

O = 5 + 12 =

G = 2 + 13 =

N = 11 + 2 =

O = 2 + 16 =

A = 6 + 5 =

G = 11 + 3 =

14	17	19	15	18	13	11

Si a los confines del Mediterráneo vas
y te adentras en su inframundo
para conocer a los dioses que allí habitan,
huye siempre de la diosa de ojos penetrantes,
pues esta mágica diosa de melena serpentina
tiene un extraño poder que le concedió Atenea.
Es el de convertir en piedra a quien la mira.
Pero si tu curiosidad es tan grande
que aún así a la diosa quieres conocer,
Nara un útil consejo te va a dar
para que a la poderosa diosa puedas contemplar
sin que en estatua ella te pueda transformar.

A Nara le encanta viajar y conocer gente. Su último viaje fue a Grecia y, además de un viaje para disfrutar, se convirtió en una aventura peligrosa.

Allí, en Atenas, se enteró de que en el monte Olimpo vivió una diosa que tenía un gran poder: Si ibas a verla y la mirabas directamente a los ojos, te convertía en estatua de piedra.

Nara pensó entonces: "Esta diosa debe vivir todavía porque siempre nos han dicho que los dioses nunca mueren. Voy a ir al monte Olimpo y comprobar si es verdad lo de que te convierte en estatua de piedra".

Nara fue al monte Olimpo, encontró a la diosa, la miró a los ojos y... (*pasa a la página siguiente si quieres saber si Nara acabó convertida en estatua de piedra o consiguió burlar a esta* **METEMIEDOS**).

Pon en los cuadros la inicial de cada dibujo y te saldrá el nombre de nuestro **METEMIEDOS**.

Este insaciable personaje
todas las noches sale de su castillo
porque posee unos afiladísimos colmillos
con los que a todos la sangre quiere chupar,
pues para su gusto es el mejor manjar.
Mas mucho miedo no debéis tener
porque Lope sabe lo que hay que hacer.
Un balón especial de fútbol fabrica
y sin perder un segundo
busca a la criatura de los colmillos.
Y ya veréis cómo le hace volver a su castillo.

En el pueblo de Lope, todos estaban aterrorizados porque habían visto vagar por la noche a un extraño ser.

—¡Es un hombre lobo! —decían unos.

—¡No, es un caníbal, que yo le vi con la boca llena de sangre! —decían otros.

"¡Eureka, yo sé quién es!", pensó Lope.

Y, sin perder un segundo, preparó un balón especial de fútbol y una cruz y se dirigió en busca del extraño ser. Lo encontró vagando por la noche y le dijo... (*si quieres saber lo que le dijo Lope al* *METEMIEDOS*, *pasa a la página siguiente y te reirás de lo lindo*).

En este laberinto empareja cada letra con su número y te saldrá el nombre de esta invisible criatura **METEMIEDOS**.

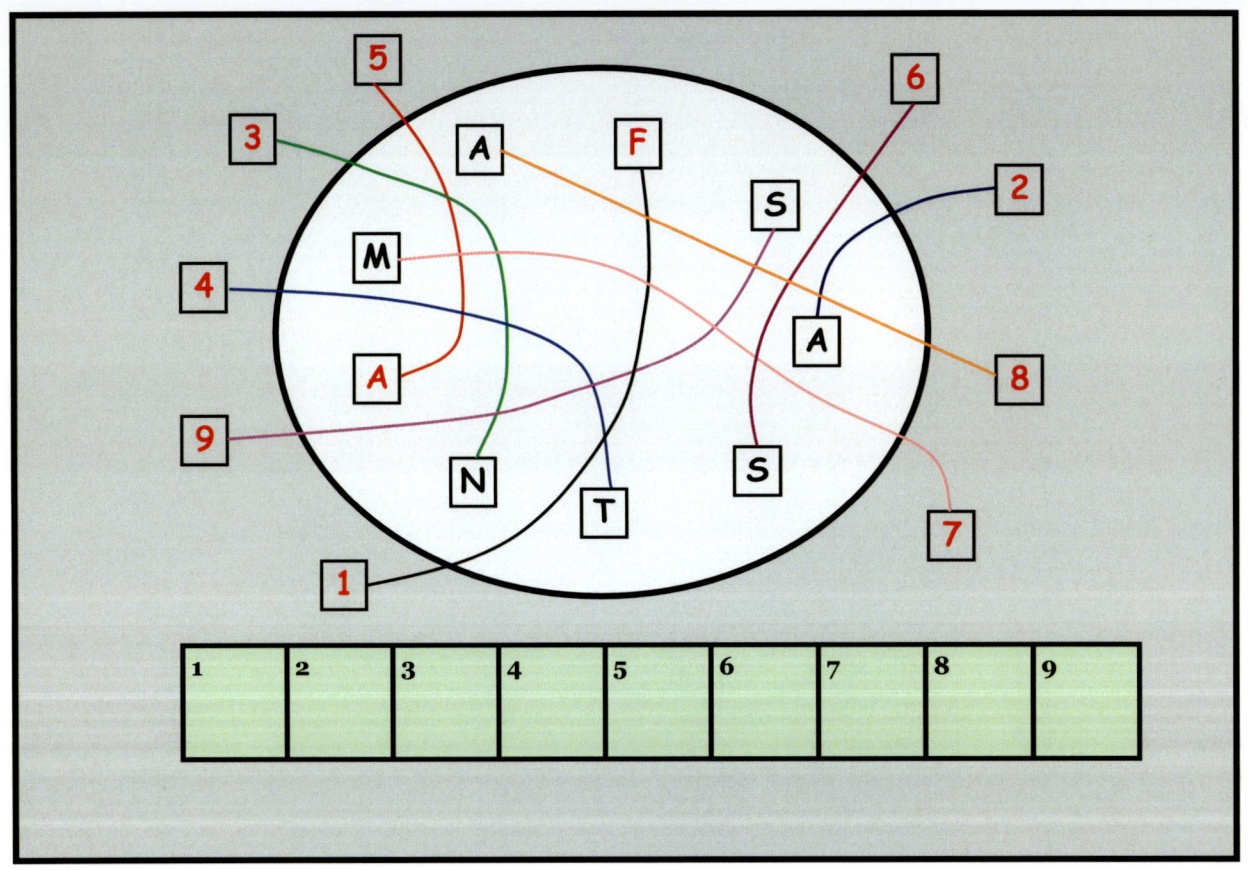

Tan escurridizas son estas criaturas
que muchos afirman no haberlas visto jamás
y otros, que en un castillo las vieron,
creyeron morirse del susto que se dieron.
¿Son espíritus o son apariciones
que vagan tapándose con sábanas
para que nadie conozca sus caras?
Como nos gusta visitar castillos,
andaremos con cuidado por sus pasillos
 y si con alguno de ellos nos topamos,
es mejor que siempre hagamos
lo que Nara nos ha de enseñar.

Nara ha ido con Lope y sus padres a visitar un castillo convertido en hotel. Cuando están acostados, Lope oye un ruido y ve en la habitación una sábana que se mueve por el techo.

—¡Nara, Nara, despierta, he visto una sábana moverse!

—¡Anda, Lope, no seas miedica, habrás tenido una pesadilla de las tuyas! ¡Duérmete otra vez!

Poco después es Nara la que se despierta y ve moverse la sábana de la que hablaba Lope. Rápidamente va al cuarto de baño, coge el espejo de su madre, vuelve a la habitación y pone el espejo enfrente de la sábana y lo que pasó es que... (*si quieres saber lo que pasó, no tienes más que pasar la página y te reirás viendo cómo el* **METEMIEDOS** *se ha puesto a temblar*).

Estas **METEMIEDOS** son especialistas en hacernos sufrir y han puesto este escrito al revés para que no puedas leerlo, pero Nara ha descubierto que si lo pones frente a un espejo podrás resolverlo.

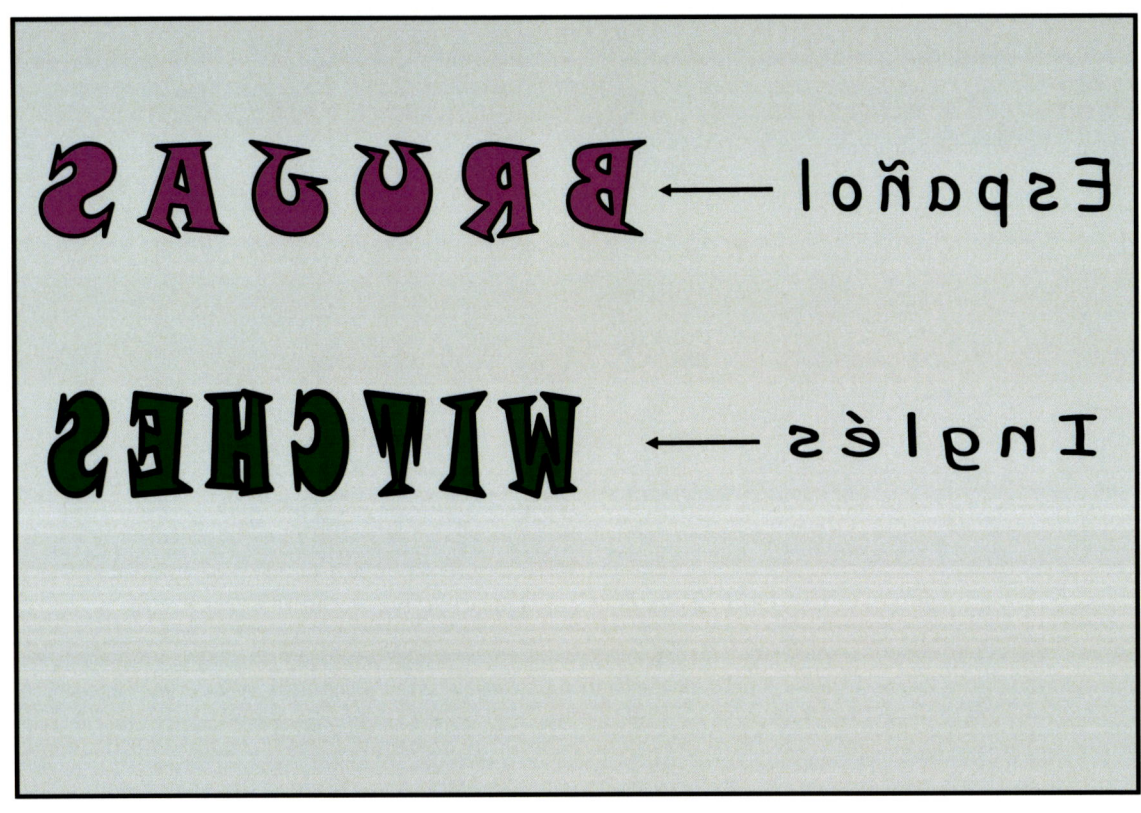

Aparece en las películas de Disney
y tan malvada, vil y cruel es
que todos la llaman "Cruella de Vil".
Aparecen en los cuentos de Roald Dahl
llevando guantes hasta en verano
para que no podamos ver sus afiladas uñas.
En calderos hacen sus mágicas pociones
para transformar a los niños en ratones
y a las niñas en sapos y culebrones.
A por Nara una noche vinieron,
pero a su cueva llevársela no pudieron
porque en su escoba atómica se montó
y con tres palmos de narices las dejó.

Cuando llegaron los Reyes Magos, Nara tuvo un extraño regalo: una escoba. Su madre le dijo extrañada:

—¿Por qué te has pedido una escoba? ¿Porque eres niña, quizás? Pues te tengo dicho que Lope y tú tenéis que compartir las tareas de la casa como hacemos tu padre y yo. Así que, si quieres, un día barres tú y otro Lope.

—No, mamá, quiero la escoba para otra cosa. Para enseñársela a una viejecita que lleva guantes y siempre me está espiando.

—¡Qué cosas dices, Nara, tienes una imaginación...!

Pero no, Nara sabía lo que decía y... (*si quieres saberlo tú, pasa la página y podrás comprobar que Nara quería la escoba para defenderse de la vieja* *METEMIEDOS* *y no precisamente a escobazos*).

Soy un **METEMIEDOS** con gran poder y si pones esta hoja frente a un espejo, te saldrá mi nombre en español y en inglés.

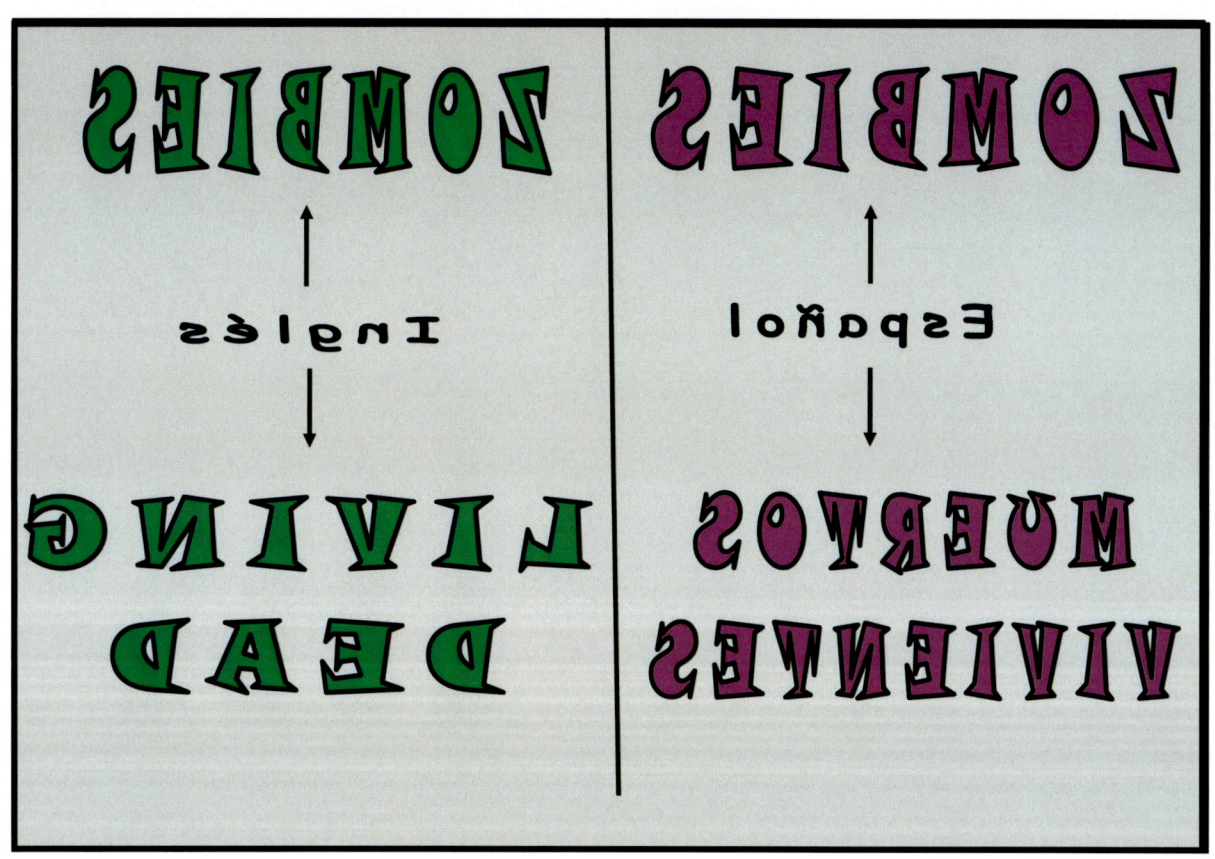

Cuando hay luna nueva, estos muertos
salen de sus tumbas y se transforman
en muertos vivientes que se mueven
como si fueran auténticos sonámbulos.
Quien les haga frente puede perecer,
pues ni a cañonazos se les puede detener
porque, al estar muertos y vivos a la vez,
en ejército invencible se han convertido
y nadie puede devolverlos a sus tumbas
para que tranquilos nos dejen dormir.
¡¡¿Cómo que nadie?!! Lope lo ha de conseguir
y con su bate de béisbol les va a hacer huir.

Lope vio una peli de terror en la que unos muertos salían de sus tumbas y se ponían a caminar como si hubiesen resucitado. Rodearon una casa que estaba cerca del cementerio y los que en ella vivían tuvieron que cerrar puertas y ventanas para que no entraran. La gente que estaba en el cine se puso a gritar de miedo y Lope pensó:

"Tranqui, si es una peli. Y, aunque no lo fuera, yo sé lo que se debe hacer en estos casos. Iré con mi bate de béisbol al cementerio y como se le ocurra salir a alguno de su tumba, que se prepare.

Al salir del cine, Lope puso en marcha su plan y... (*si queréis saber lo que pasó, pasa la página y verás cómo Lope no se asustó al encontrarse con un* METEMIEDOS *que salía de su tumba*).

Pon en los cuadros la inicial de cada dibujo y te saldrá el nombre de nuestro METEMIEDOS.

Perséfone corretea por el prado
con su madre Deméter al lado,
de repente, de una grieta de la tierra
surge un dios llamado Hades,
que se la lleva a su infernal mundo,
allá, donde van todos los muertos,
y la convierte en su esposa.
Quien en el inframundo entra
 no vuelve a salir jamás de él
porque un feroz e invencible perro
custodia la puerta de salida.
Deméter hace un llamamiento
para que a su hija rescaten
y Lope, sabedor de que al perro
le apasiona de portero jugar,
a Perséfone se va a salvar.

A Lope y a Nara les gusta el fútbol y siempre que pueden se ponen a dar patadas a un balón. Un día que estaban en el colegio viendo jugar a los mayores, el portero de uno de los equipos hizo un paradón.

—¡Bravo, eres el mejor cancerbero del mundo! —gritaron sus compañeros.

"¿Cancerbero? ¿Por qué le han llamado cancerbero si él es portero?", se preguntaron Nara y Lope.

Por la tarde, su mamá se lo aclaró:

—Existió en tiempos antiguos un dios griego que era el encargado de guardar las puertas del infierno o inframundo. Le llamaban Cancerbero, por eso, porque era un perro guardián. Así que, ahora a los porteros de fútbol les llaman cancerberos porque guardan la portería.

Esa noche, Lope soñó con el Cancerbero y... (*si su sueño quieres conocer, pasa la página y verás cómo Lope un partido de fútbol jugó y al* METEMIEDOS *del Inframundo un golazo entre las piernas metió*).

GRUESO, VENTANA, APARICIÓN, VIAJE, GRITO, TRABAJO

Ordena las anteriores palabras por orden alfabético y te saldrá, en vertical, el nombre del **METEMIEDOS** que siempre está buscando tesoros y, como tú para tus papis eres un tesoro, procura que no te encuentre porque te raptará.

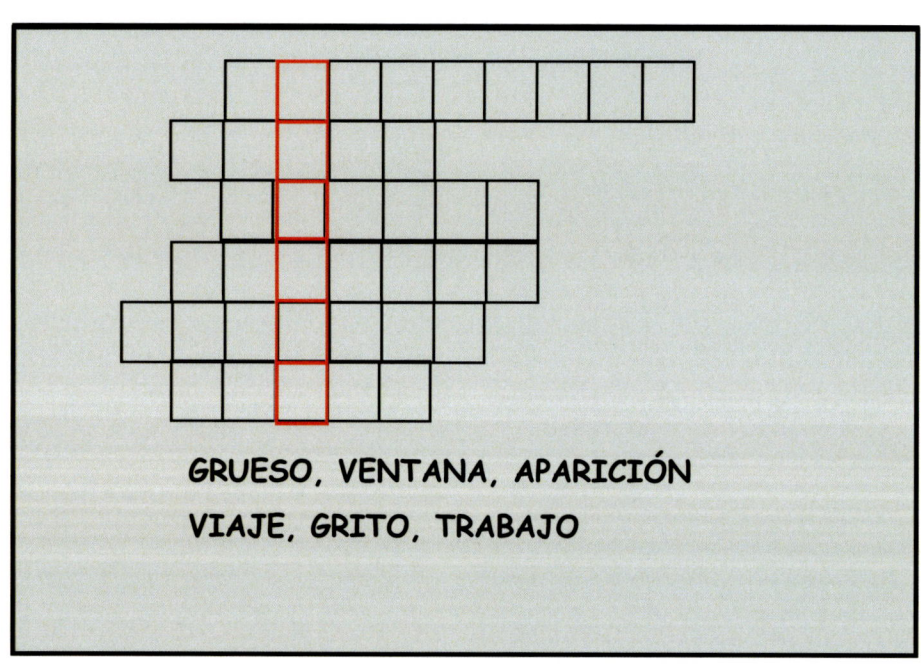

GRUESO, VENTANA, APARICIÓN

VIAJE, GRITO, TRABAJO

Tiempo hubo en que era
un peligro navegar por la mar
porque un barco con calaveras
cualquier navío podía abordar
y quedarse con todo su dineral.
Sin un segundo que perder,
rumbo a una isla navegaban
y, con picos y palas, el tesoro escondían
para continuar con sus fechorías.
Pero Nara un mapa encontró
y pensando que de un tesoro sería
hacia la isla donde estuviera navegaría
y a buen seguro que lo encontraría.

Cuando acabó de leer el libro "La isla del tesoro", nuestra amiga Nara pensó:

"Esa isla existe y creo que sé donde está. Y también en ella seguirá algún tesoro enterrado porque cada vez que estos filibusteros obtenían un tesoro, regresaban a la isla y lo enterraban. Habrán enterrado más de uno y los encontraré".

Ni corta ni perezosa, Nara marchó en avión a Costa Rica y allí, equipó una barca con todo lo necesario para buscar el tesoro: pala, pico y mapas. ¡Ah! Y una motosierra por si había que cortar algún árbol para reparar su barca en caso de sufrir alguna avería.

Desembarcó en la isla del tesoro y allí se encontró con... (*si quieres saber con quién se encontró Nara, pasa la página y verás con qué* METEMIEDOS *se encontró cuando había descubierto un tesoro*).

Encuentra en esta sopa de letras el nombre de este **METEMIEDOS** que en el fondo era un buen monstruo solo que tenía en la cabeza un tornillo de más.

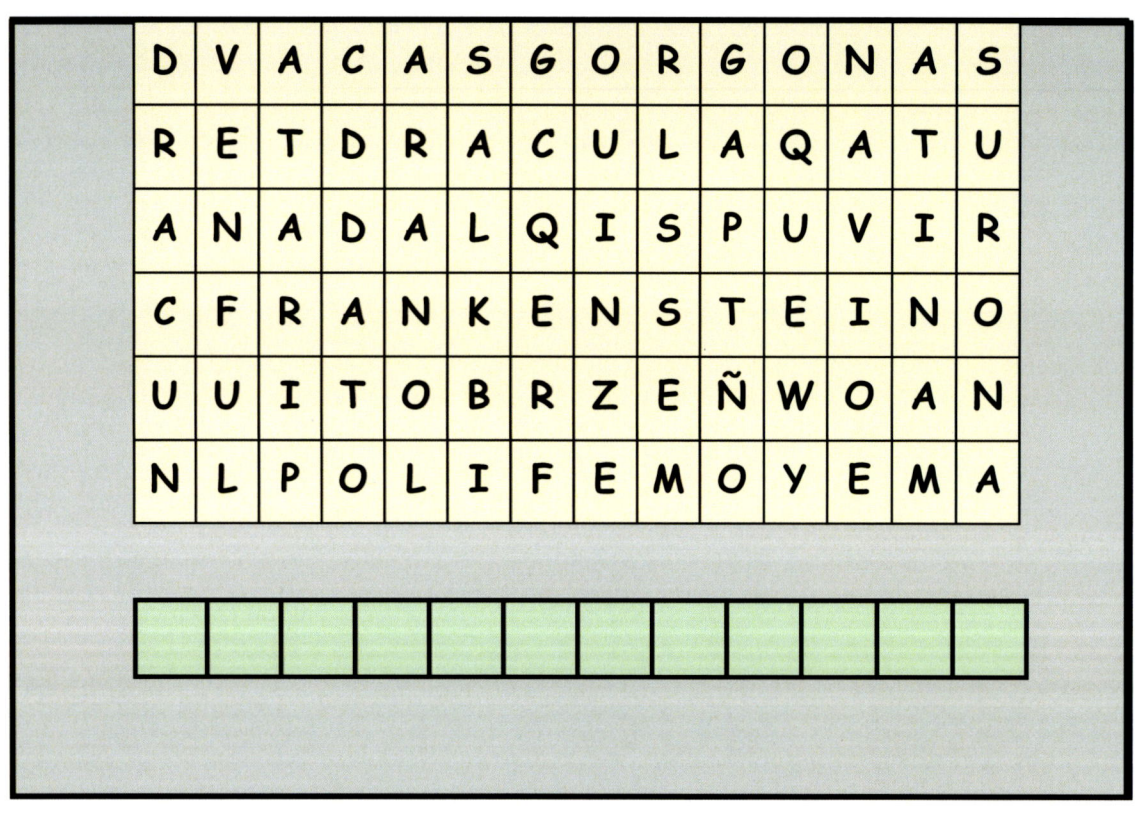

D	V	A	C	A	S	G	O	R	G	O	N	A	S
R	E	T	D	R	A	C	U	L	A	Q	A	T	U
A	N	A	D	A	L	Q	I	S	P	U	V	I	R
C	F	R	A	N	K	E	N	S	T	E	I	N	O
U	U	I	T	O	B	R	Z	E	Ñ	W	O	A	N
N	L	P	O	L	I	F	E	M	O	Y	E	M	A

¿Quién será?, ¿qué no será?;
que con un gigante espeluznante
se le puede llegar a comparar.
¿Quién será?, ¿qué no será?;
que como muerto viviente
se le puede llegar a considerar.
¿Quién será?, ¿qué no será?;
que con un tornillo en la cabeza
como un robot puede caminar.
Si alguna noche te lo encuentras,
del susto gritarás y correrás,
salvo que sepas lo que sabe Lope,
y es que, con una sencilla llave,
lo puedes llegar a neutralizar

Dos científicos quieren dar vida a una persona que sea la más fuerte y la más inteligente de la tierra. Montan un laboratorio en un castillo y, con un muerto al que trasplantan el cerebro de otra persona muy inteligente, logran darle vida y crear esta extraña criatura.

Debido a su fuerza, el gigante rompe las cadenas con las que estaba sujeto a la mesa de operaciones y se escapa del castillo. Y entre las gentes de los alrededores comienza a cundir el pánico.

—¡Tranquilos, que no cunda el pánico! —recomienda Lope—. Meteos en vuestras casas y cerrad puertas y ventanas, que ya me encargaré yo de que este METEMIEDOS deje de ser un problema con esta llave que me va a servir para... (*si quieres saber para qué le valió a Lope su mágica llave, no tienes más que pasar la página y comprobar cómo corre el* METEMIEDOS).

—Tranquilo, Franqui, solo voy a aflojarte un tornillito para que te eches una siestecita eterna y te conviertas en buena persona.

—¡¡No, no, siempre he odiado la siesta, como vosotros los niños!! ¡¡Te prometo que a partir de ahora voy a ser bueno!!

Y aquí terminan, por ahora, nuestras historias QUITAMIEDOS, pero no te preocupes porque Nara y Lope volverán ¡siempre que un METEMIEDOS os pretenda asustar!

© Ángel García Martínez (de la obra)
©Apuleyo Ediciones (de esta edición)
Primera edición en Apuleyo Ediciones: diciembre 2024
Diseño de cubierta: Vicente Mendoza Paz
Corrección: Aitor Andreu Guerrero
Maquetación: Vicente Mendoza Paz
Ilustraciones: Wilver Fuentes
Coordinación editorial: Isidoro Cidre González
info@apuleyoediciones.com
www.apuleyoediciones.com
ISBN: 978-84-1060-315-8
Depósito legal: H 357-2024

Hecho e impreso en España.

Como Tranformar Nuestros Miedos en SONRISAS (Vol. 1)

APULEYO EDICIONES   FOMENTO DE VALORES   CUENTOS ILUSTRADOS

Ángel García Martínez

APULEYO EDICIONES   FOMENTO DE VALORES   CUENTOS ILUSTRADOS